影响中国菜的那些人

傅月良

董克平 —— 主编

胡狸 —— 著

青岛出版集团 | 青岛出版社

图书在版编目（CIP）数据

影响中国菜的那些人. 傅月良 / 董克平主编；胡狸著. -- 青岛：青岛出版社，2025. -- ISBN 978-7-5736-3271-5

Ⅰ. K828.9

中国国家版本馆CIP数据核字第2025YN6875号

YINGXIANG ZHONGGUOCAI DE NAXIE REN FU YUELIANG（WEIDAO DE CHUANCHENG）

书　　　名	影响中国菜的那些人　傅月良（味道的传承）
主　　　编	董克平
著　　　者	胡　狸
出 版 发 行	青岛出版社
社　　　址	青岛市崂山区海尔路182号（266061）
本 社 网 址	http://www.qdpub.com
邮 购 电 话	0532-68068091
策 划 编 辑	周鸿媛
责 任 编 辑	肖　雷
封 面 设 计	曹雨晨
摄　　　影	项　旸　王华琼
制　　　版	青岛千叶枫创意设计有限公司
印　　　刷	青岛名扬数码印刷有限责任公司
出 版 日 期	2025年4月第1版　2025年4月第1次印刷
开　　　本	16开（787毫米×1092毫米）
印　　　张	10.75
图　　　数	229幅
字　　　数	167千
书　　　号	ISBN 978-7-5736-3271-5
定　　　价	158.00元

编校印装质量、盗版监督服务电话：4006532017　0532-68068050
建议陈列类别：生活类　美食类

味道的传承

影响中国菜的那些人

傅月良

董克平 —— 主编
胡狸 —— 著

青岛出版集团 青岛出版社

董克平 | "味道的传承"丛书主编，总策划

毕业于北京大学哲学系。北京 APEC（亚太经合组织）领导人会议首脑宴会专家顾问，《舌尖上的中国》第一季、第二季美食顾问，《风味人间》第一季、第二季美食顾问，央视综合频道《中国味道》总顾问、总策划，央视科教频道《味·道》总顾问，摩根士丹利中国峰会宴会召集人，美团点评黑珍珠榜理事，携程美食林理事。著有《口头馋》《食趣儿》《吃鲜儿》《寻味儿》《知味儿》等美食文集。

胡狸 | 自媒体"我们都饿了"和"杭州plus（加）"创始人

美食作家，杭州必吃推荐书《吃定你了，杭州》作者，中国星厨委副秘书长，携程美食林荣誉顾问，凤凰网美食盛典金梧桐餐厅指南评委会委员，杭州市杭帮菜星推官，浙江省文旅厅"百县千碗"评委专家成员，浙江卫视《听说很好吃》明星名厨真人秀节目品鉴官。

目录

壹。我有一个梦

一　不将就，只讲究……02

二　大师帮着筑梦……04

贰。如院的工艺提升之路

一　做事就要心无旁骛……10

二　努力实现自我……12

三　71个版本的西湖醋鱼……15

四　「既要又要」的龙井虾仁……16

五　妙手偶得的斩鱼圆……19

六　最后一分钟的卡点……20

七　餐饮界的《九阳真经》……25

叁。湖滨28的经历影响了他的一生

一 转折之年 ………… 30

二 爱上学习 ………… 33

三 曾经我行我素 ………… 34

四 只因有一个优点 ………… 38

五 脱胎换骨 ………… 40

六 金牌扣肉的前世今生 ………… 43

七 从形式到内容的一系列创新 ………… 44

肆。他们眼中的傅月良

一 既是良师，也是严师 ………… 48

二 他有超强的学习能力和非凡的专注力 ………… 50

三 他有好奇心和艺术家特质 ………… 53

四 让厨师散发光芒 ………… 55

伍。
A和B结合产生的AB

一 到西餐店干『黑活』……62
二 工欲善其事，必先利其器……63
三 中西结合做出好菜……66
四 销售模块决定真正的毛利率……68
五 让毛利率高的菜卖得好的秘密……69

陆。

傅月良大师的15道经典菜

- 傅式西湖醋鱼 …… 72
- 杭州翡翠斩鱼圆 …… 80
- 傅式龙井虾仁 …… 86
- 如院金牌扣肉 …… 92
- 桂花糖年糕 …… 100
- 纸皮汤包 …… 106
- 如院四喜饺 …… 112
- 冬天莲子春天藕 …… 118
- 桂花西湖藕韵 …… 124
- 豆腐盒子 …… 130
- 香雪酒鹅肝牛小排 …… 136
- 杭八鲜糟香佛跳墙 …… 142
- 龙井茶香脆皮乳鸽 …… 148
- 醉瓜鲞蒸七彩黄米鱼 …… 154
- 糟蛋蒸白蟹 …… 160

壹。
我有一个梦

当你读到这段文字的时候,傅月良的私房菜餐厅如院已然开业很久了。开业后仅仅不到一年的时间,在诸多诧异的目光里,又仿佛在诸多人的意料之中,如院如愿地『摘』得了杭州米其林餐厅指南的一星。

不将就，只讲究

开一家属于自己的私房菜餐厅是傅月良很久很久以前就一直在心里发酵的梦。如今，它终于有了真实的模样。

他曾无数次以画油画的方式在脑海中勾画这家餐厅的样子。它可能是一栋独栋的小楼，在一大片绿汪汪的茶田中间。餐厅门外要有个不大不小的院子，围墙边开满了花。他还会在花丛中种一些薄荷、迷迭香和罗勒等植物，需要的时候，随手采摘一些枝叶等加入他的菜里。它可能在西湖边。房子的倒影荡漾在泛着光的湖面上，少女腰肢般柔软的杨柳枝微拂过白墙。就餐的地方不需要很大，有两三个包厢足矣，但一定要有一个美妙的院子。

所以，傅月良将它取名为"如院"，"院"不仅仅是"院子"的意思，也和"愿"字谐音。在从厨30多年后，它遂了他的心愿。为了寻觅到梦里的那个神奇的地方，他不慌不忙地寻找——不将就，即便找到的地方和他心里的那个影子只有一丝一毫的偏差，他也不同意，绝不敷衍自己的内心。

为了他想象中的那栋"够杭州"的房子,傅月良整整找了两年。没事的时候,他就开着车满杭州观察,也通过中介公司广撒"眼线"。现在,他手机里存着的四五十个中介员工的联络方式,就是那时候攒下的。开着车四处找房的方式,被他称为"马道",意为骑着马漫山遍野地瞎找。后来,有个餐饮圈的朋友提醒他:"傅月良,你不该走'马道',应该走走'人道'。"所谓"人道",就是朋友介绍的方式,尤其是餐饮圈中的朋友,他们可能更懂厨师的心思。

走了一年"马道"后,傅月良又走了一年的"人道"。漫长的寻找和等待后,它终于出现了。

壹。我有一个梦

大师帮着筑梦

　　行走在杭州植物园特有的空气和清脆的鸟鸣声中，沿着一条林间小道缓慢向前，在绿树的缝隙里，我们可以隐约看见一幢小楼。拔地而起的参天大树在它头顶织成了一张绿色大网。阳光灿烂的时候，细碎的光像碎银子一般洒下来。餐厅门口是比足球场还宽大的绿色草坪。如今，站在如院包厢的落地窗前，我们时常能看到很多新娘穿着洁白的婚纱在草坪上拍婚纱照。新娘和新郎相视而笑，目光碰撞处绽放出一朵朵美丽的花。

　　这一切都在傅月良梦中出现过。

　　找到房子后，感觉有一团火在胸腔里迫不及待地向外喷涌，傅月良开始四处寻找和他的"三观"和理念无限接近的设计师。他连续找了七八个设计师，不厌其烦地逐个和他们诉说他的那个梦，告诉他们："我想做一家不像餐厅的餐厅。"

思路清晰且有过成功案例的设计师，往往会在傅月良身边轻松地坐下，铺开一张白纸，继而拿出一支笔，开始勾勒餐厅的布局，比如：有几个包厢，大厅面积多大，后厨安排在哪里。且每到这种时候，傅月良就会拦下他，说："你只需要给我设计一个有着南宋韵味的空间，其他的交给我们来完成，因为我就想做一家不像餐厅的餐厅。"

"什么样的餐厅是'不像餐厅的餐厅'？"设计师问。

"就是，我不想一进入它的时候，就感觉它是一家餐厅。我希望它更像是一个艺术空间，高级并且奢华，但绝非金碧辉煌的那种纸醉金迷感，而是进入它，生出一种人与大自然无限接近的时候，身心愉悦释放出的松弛感。那才是最高级的餐厅。"

模糊的概念令设计师们无所适从。也许，那是一家在中国从未出现过的餐厅，无法模仿，也无处借鉴。所以，整个沟通过程相当艰难和缓慢。

最终他从这七八位设计师中选定了一位来自中国台湾的设计师——刘荣禄。

刘荣禄，跨界设计师，艺术家，代表作之一为"鼎恩创意料理餐厅"。这家餐厅曾被美国知名美食网站 The Daily Meal（直译为"每日美食"）评选为亚洲最杰出的餐厅之一。他的另一代表作是"我在中山刘公馆"。他曾受台北市立美术馆之邀，成为首位以跨界艺术家身份为馆方 30 周年典藏展打造艺术场域的艺术家。

刘荣禄的作品还连续多年荣获世界级的奖项，如德国设计奖（German Design Award）、工业论坛设计奖（iF Design Award）及红点设计奖（Red Dot Design Award），还有英国的安德鲁·马丁奖（Andrew Martin）等。他被设计界誉为"空间叙事诗人"。

傅月良选中刘荣禄的另一个重要原因是刘荣禄对宋韵文化有足够的了解。

请大师出马的代价自然很大，且不说高昂的设计费用，单说那栋小楼，就几乎被拆成了一个空壳，然后重新修建——这等于在丛林里重塑了一栋独特的建筑。初次见识它遗世独立的气质时，我着实被震撼了。如院"一战成名"的辉煌里，有这栋独特的建筑的功劳。

贰。
如院的工艺提升之路

傅月良说：「只要是精神层面达到了某个高点，我们就要勇猛并坚定地攻向它。无论是因为它是我们的情怀，还是因为它是我们努力的目标，我们都要将它变成现实。」

做事就要心无旁骛

篇章开头的话是如院试营业的时候，傅月良跟员工们说的。说这话的时候，历时三年的特殊时期刚刚结束，餐饮人元气大伤。所有人都在无数个不眠之夜里一点一点地收拾着支离破碎的信心，以便第二天太阳升起的时候，重新出征。那会儿的傅月良，仿佛站在一个战场上，在漫山遍野中只看见硝烟弥漫，耳边则是阵阵哀鸣。

试营业第一个月，这里的人均消费 1000 元的杭州菜就受到了餐饮圈内很多人的质疑。杭州虽是历史名城而且山明水秀，却素来缺乏高端的食材。这是"基因"里的缺陷。要将平淡无奇的食材，做出人均消费 1000 元的"价值感"（大意是让人感到它物有所值），其难度不亚于要解出世界七大数学难题。有耿直的圈内好友直言不讳地说："傅月良，杭州就那几个名声在外的菜。你这么干，肯定是行不通的。"好几位耐不住性子的朋友，甚至专程从北京、成都坐飞机赶来为他出谋划策。

但傅月良几乎拒绝了所有同行和媒体人的来访，就为了让自己的思维不受外界的干扰。他只想心无旁骛地开始漫长而孤独的探索之旅。

努力实现自我

实践是检验真理的唯一标准。

在占地近 2000 平方米的如院里，傅月良率领 15 位后厨员工和 10 位前厅员工从每天仅接待一两桌客人开始探索。他认真听取每一位客人的意见，让所有工作人员参与试菜。如院的变化，是以天为计量单位的。几乎每一天，如院都要经历一个调整的过程。每天大量的试菜工作，使前厅和后厨人员的工作强度变得前所未有地大。服务生小管，在开业后的半年时间里胖了十几斤。小管在 2024 年杭州米其林指南发布会上，获得了最佳服务奖，他说："真不枉费我每天都试菜的辛苦。"

刚开业那段时间，傅月良也会每天上网看食客们为如院写的点评。每每看到有些食客长篇大论的评论，指责如院做的根本就不是杭州菜，与传统杭州菜的概念背道而驰，他就会倍受煎熬。刚树立的信心，像一棵正在成长的树苗，每天在

疾风劲雨中剧烈摇晃,几欲倾倒。之后,他跟随《舌尖上的中国》的美食顾问董克平老师进行了一次欧洲"摘星之旅",一天连吃三四家米其林餐厅,与米其林大厨深度交流。那次欧洲行对于傅月良来说至关重要。他说,在本我、自我、超我的境界中,那些已然成功的米其林大厨始终都在实现自我,但我们很多人却可能连坚持"本我"都做不到,都在做别人眼中的那个谁。决不能一看到别人家有好的菜式,就蜂拥而上,一味地模仿。所谓好看的皮囊千篇一律,有趣的思想万里挑一。傅月良说:"我们为什么就不能拥有独一无二、有趣的思想呢?"这,使他坚定了前进的方向。

贰。如院的工艺提升之路

71 个版本的西湖醋鱼

被全国人民诟病的西湖醋鱼,是傅月良率先要攻破的堡垒。他为西湖醋鱼制定了一个傅式标准:食鱼寻蟹。西湖醋鱼必须得吃出湖蟹的味道,肉呈蒜瓣状,达到这些标准才算成功。为此,他还史无前例地放出"狠话":但凡有客人吃如院的西湖醋鱼觉得没有吃出蟹味,可无条件退菜。傅月良说:"因为成本太高,所以之前杭州没有一家餐厅会给出这种挽弩自射的承诺。"在 3 个月时间里,如院少说也被退了 100 条西湖醋鱼。一旦有退菜,后厨团队就得下班后全部留下来开会,寻找原因,不断调整。就这样,如院开业仅 1 年,它的西湖醋鱼就有了"江湖"上流传的 71 个版本,并且这个数字后来还一直在变化。

"既要又要"的龙井虾仁

作家高阳在《古今食事》里曾提及一道龙井虾仁，即西湖龙井茶叶炒虾仁，说它是翁同龢创制的。龙井虾仁虽说早在1956年就被评为36道杭州名菜之一，2018年又被评为浙江十大经典名菜之一，但在傅月良看来，它就是一道"文化菜"，里面的虾仁缺乏鲜味，龙井茶的香也很难被捕捉到。这么多年来，龙井虾仁的演变也仅限于在传统摆盘的基础上勉强用些干冰，增加云雾缭绕的感觉。傅月良说："如院的宗旨是做真正好吃的菜，只有菜真正好吃，才能让大家自发地去传播，浮于表面的好看是不会被传播的。"于是，龙井虾仁漫长的工艺革新之路开始了。

首先解决虾仁缺乏鲜味的问题。傅月良想到了选用台州的红虾。果然，将这种海虾现剥现炒，做出的菜品鲜味四溢。但满则溢，太过浓厚的虾味，掩盖住了茶味，让茶味消失得无影无踪。无论用水熬茶油加入到虾仁里，还是将低温制取的茶粉加入到虾仁里，做出的成品的茶味都无法在虾味中表现出来。两者始终无法达到平衡。傅月良翻看了大量的书籍，他忽然摸索到了一点儿门道——只要虾的味清淡了，茶味自然就显出来了。台州红虾这样的海虾像个壮汉，粗犷，有力量，味道太浓烈。于是，傅月良立刻转换思路，选用河虾仁。传统龙井虾仁的烹饪方法是在热锅里加油，烧热，将虾仁滑油后捞出。但采用这种方式，虾仁的鲜味就变淡了。所以，傅月良先用虾壳熬油，再用虾油来炒虾仁。他发现，用虾油炒虾仁不但能将虾仁的鲜味拉得很"长"，而且能使做好的虾仁的后味中带着锅气。另外，这样做可以使虾味和茶味两者之间的关系得到很好的平衡。

传统的龙井虾仁里，总能看到几撮变色、干瘪的龙井茶叶尴尬地点缀其中。傅月良索性舍弃传统做法，采用新式烹饪手法。在龙井茶叶中加入液氮，用石锤将茶叶捣成粉，然后将茶粉加入面粉中，加入水揉成面团，反复碾压，制成面片后，用特制的模具制出"茶叶瓣"，最后手工捏成一芽两叶的茶形。傅月良说："国外的米其林餐厅，基本没有什么高贵的食材，松露、牛肉算是特别贵的了。中国的餐厅有鲍鱼、海参，还有如同男人手臂那么粗壮、硕大的龙虾。但国外的米其林餐厅的菜为什么能卖那么贵？我觉得他们的菜品真正有价值的，其实是大厨的思维和工艺。"这个道理适用于如院的龙井虾仁。

现在如院的龙井虾仁，完成了口味上的升级。有客人说："这已经不是原来的那个龙井虾仁了。"但是，它改变以后好吃了呀。是的，好吃才是硬道理。

如院用面片制作"茶叶"

妙手偶得的斩鱼圆

傅氏斩鱼圆也是如院的一道每桌必点的招牌菜。但最初,傅月良用甜豌豆作为配料做的并不是斩鱼圆,而是采用芙蓉鱼片的理念,用鱼肉和甜豌豆做了一道莲蓬汤——将鱼蓉做成莲蓬的形状,用甜豌豆来制作"莲子"。在傅月良的自我认知里,这道菜无论是外观还是食材,都很"杭州",他还很卖力地向客人推荐这道菜。但很长一段时间过去了,吃过的客人都表示"无感",也没人说有多惊艳。

所谓无心插柳柳成行,很偶然的一次,傅月良做了一道杭州特色名菜斩鱼圆,被客人们纷纷赞扬。于是,傅月良开始研究这道菜的改良方法,想让它变得更好。比如,他曾用斩鱼圆搭配过百合花,但总觉得有一点儿淡淡的药味;他也曾用斩鱼圆搭配过芍菜,又觉得太普通。最后他还是选择了甜豌豆,因为斩鱼圆有颗粒感,而甜豌豆有爆浆感,两者搭配相得益彰。

斩鱼圆的分量,傅月良也做了精准考量,限定鱼圆必须是 70 克。他曾计算过,来店里就餐的成年客人每人每餐进食的固体食物的量,通常在 1 千克左右。斩鱼圆这道菜是被列进如院套餐里的。经过周密测算,他发现 70 克是最佳状态——大于 70 克的斩鱼圆太大了,客人吃完会影响吃其他菜;小于 70 克的斩鱼圆显得太小,另外与盛放的容器搭配起来不和谐。

最后一分钟的卡点

老头儿油爆虾作为杭州本土的连锁餐饮品牌,这些年做得风生水起。很多人都以为傅月良作为老板和产品研发主创人生活是很滋润的。但其实,餐厅、菜品研发室、家、出差的宾馆,傅月良的生活场所基本是单调、固定的。

杭州的老城区,和睦路。在这里,有一家老头儿油爆虾店已经开了快10年了。踏上狭窄的楼梯至二楼,七拐八拐,在深处的角落里,可以发现突然一个冒出来的偌大的空间堆满了各种瓶瓶罐罐,再往里去,就会看见一间像普通教室那么大的厨房。干净,敞亮。

这里,就是傅月良的菜品研发室——他的快乐天堂,他的战场。

他打开一台直立冰箱,给我看里面静置的4个密封罐,每个罐上都标着日期。傅月良说,在他未来的私房餐厅里,不会出现味精,没有鸡精,也没有鸡粉。他一直在研究,用各种天然的食材做出独特的调味品。当然,他也会制作一些传统的有杭州本土特色的调味品。比如,在沼虾和猪肉中分别加入一定比例的海盐和水,在55℃的温度下静置发酵2个月后,可以分别制作出杭州"老底子"(杭州话,即以前)的一种叫作虾油卤的调味汁和一种肉汁。

　　我打开虾油卤的罐子。一股浓郁的香味迎面扑来,让我猝不及防。傅月良说,和虾油卤的香味不同,肉汁的香味是绵延、悠长的,将来就用虾油卤、肉汁等来代替味精等调料了。

　　西湖醋鱼、扣肉、龙井虾仁、笋干老鸭煲、八宝豆腐……杭州菜,仿佛从古至今用的都不是世间稀有的高价食材,所以杭州诸多本土餐饮品牌皆俯首前行,走的都是低价亲民路线。但傅月良说:"如院,为什么要做人均消费1000元、高级的杭州菜?我就是要颠覆大家对杭州菜的刻板印象。"董顺翔先生是杭帮菜大师。傅月良作为董先生的弟子,总想为杭州菜做一些普通大厨不敢想更做不到的事。让杭州菜走上高端路线算是其中之一。

贰。如院的工艺提升之路

寻觅到世界上顶级的食材精心烹饪，或者，反其道而行之，使用街巷常见的最接地气的食材，用杭州菜的传统烹饪手法"精耕细作"，都是他的做法。

以调味品身份隐形出现的卤汁，傅月良坚持用自己的团队手工制作的，绝不用供应商的通用货。所有的菜品都严格遵循当天做、当天售的原则，绝对不进冰箱躺着过夜。即便是凉菜，也不允许早早地就做好了，等候客人点。傅月良说，很多中餐大厨都会以一道菜的温度来界定它在菜单上的位置，但他认为，凉菜的意义，并不在于那个"凉"字，而在于开胃。要使客人开胃，并不是简单地把菜放凉。

中国人的胃是"暖胃"，哪怕是凉菜，也需要拥有"人体的温度"。傅月良预测，中国未来比较"牛"的餐厅，一定像他曾去过的一家西班牙米其林餐厅一样。在这家西班牙餐厅里，客人落座后，会悠然地喝着杯壁外挂着冰凉水珠的香槟，等待菜从厨房里被如珍似宝般用双手端出来。那种等待的心情，是略有些忐忑，夹杂着一丝兴奋和对未知的好奇，好像在一条公路的尽头远远望见了久已不见的情人的身影后产生的感觉。菜端上桌的那一刻的温度，让人感觉它一分钟前才刚刚离开热气腾腾的锅，身上还带着锅气。这就是前面所说的"人体的温度"。

永远是客人等菜，而不是菜等客人。在傅月良眼中，一道菜肴之所以精美绝伦，除了因为它食材新鲜，包含着厨师精湛的技艺，还因为它拥有较为完美的"最后一分钟"。拥有较为完美的"最后一分钟"对于中餐来说，是最难实现的一个点。对于大厨来说，他可以将一道菜的摆盘模仿得毫无二致，可以将一道菜的配方研究得无限接近"原作"，却很难把控客人落座后，菜肴刚刚离开锅那"最后的一分钟"的卡点。

味蕾与菜肴的完美碰撞是在一刹那完成的,是一种需要由客人和厨师共同创造的默契感。金风玉露一相逢,便胜却人间无数。让一切都新鲜如春天清晨的露珠,就是刻着傅月良名字的杭州菜的独门绝技。

　　要让菜品拥有较为完美的"最后一分钟",需要一个过硬的团队。很多人都难以相信,人均消费1000元的如院的大厨,大部分都来自人均消费仅100元的老头儿油爆虾的大厨团队。傅月良说,老头儿油爆虾的大厨们身上的闪光之处是他们一不怕苦、二不怕累、三不怕折腾的精神。如院开业以来,工作人员都非常忙,即便是在下午不营业的那3个小时内,他们也是在不断试菜中度过的。因为如院的菜式相对普通的杭州菜而言,工序更繁复,要求更严格,所以需要更多的人工和时间。比如,如今在如院吃到的傅式西湖醋鱼,已经是第72个版本,是傅月良和后厨团队结合客人的反馈和诸多美食大家的意见,逐步改进的结果。

七

餐饮界的《九阳真经》

傅月良在厨师行业正当艳阳高照的年纪。从16岁拿起马勺进入餐饮江湖的那年到现在,在不长不短的30多年里,傅月良已经历了学艺、在国营餐饮公司当员工、跑码头包厨房、在五星级酒店当管理人员、为其他餐饮老板当管理人员开疆拓土,以及自立做老板的辗转。

一系列身份的转换,看似行云流水,实则一波三折。兴许寻遍全国餐饮圈,我们都很难找到一个人能如傅月良般拥有如此跌宕起伏的餐饮人生。

16~19岁的傅月良是浙江淳安技校连获3年奖学金的优等生,因此,他3年的学费仅花了家里35元。那时候的技法课,老师给每个学生发10斤萝卜,要求他们先切块、后切丝,以练习刀功。下课后,傅月良的脚边却总是堆了七八十斤萝卜——很多同学嫌累,但傅月良乐在其中,于是很多人"理所当然"地把部分萝卜给了傅月良。萝卜切完了,他还意犹未尽,又找一堆报纸来切。

再出神入化的武功,也要从蹲马步练起。学校里打下的扎实的基本功,为傅月良之后的餐饮之路奠定了坚实的基础。毕业后,傅月良在临安大酒店实习,后来作为交换生,来到了南方大酒店,之后进入杭州酒家。

就像《倚天屠龙记》中的无名奇士，从王重阳处借得《九阴真经》，之后投身少林，创下了练成后天下武学家皆可用的《九阳真经》，中国烹饪大师、杭州酒家总经理、杭帮菜泰斗级大师胡忠英，在傅月良进入杭州酒家的那一年，取各菜系之所长，融汇贯通，创立了赫赫有名的现代迷宗菜。

迷宗菜无宗无派，讲究的是博采众长，但它并非无中生有、胡乱搭配，而是需要厨师在对各菜系的特点和各种食材的特性了如指掌的情况下，有理有据地对各菜系进行融合、改良，并且要与时俱进。

如今被誉为"杭帮菜教父"的董顺翔，师从现代迷宗菜创始人胡忠英，彼时还是杭州酒家的厨师长。董先生的办公室在杭州酒家所在大楼的3楼。对于傅月良来说，他平日里是轻易见不到每日出入3楼的董顺翔的，拜师就更谈不上了，但傅月良还是向董先生表达了自己想拜师的愿望。

那个年代的杭州酒家的大厨们东征西战，参加全国比赛屡屡斩获金牌。作为"小兵"的傅月良其实没有资格参赛，但他主动要求在场外应赛，其敬业的态度着实令董顺翔刮目相看。终于在1996年的冬天，一个普通到不能再普通的下午，在杭州酒家门口的大马路上，发生了戏剧性的一幕。董顺翔和傅月良迎面相遇，擦肩而过的那一瞬，董顺翔忽然回头对傅月良说了一句："快过年了，到我家里来吃饭吧。"

一句话将傅月良说得愣在了当场。恍惚了几秒钟之后，他才领悟到董顺翔的言外之意——这意思是董先生愿意收他为徒了。

心中暗喜了好几天，傅月良开始四处向董先生的徒弟们打听，获悉董先生平日里热衷收藏古董，尤其喜爱形态各异的狮子，便去杭州当年鼎鼎大名的吴山古董一条街寻找，最后找到了一只气宇轩昂的大红色木雕狮子。老板用双手捧着那只狮子说："这可是唐代的好东西啊。"傅月良再三确认，老板信誓旦旦地说："这的确是个唐代的物件。"于是傅月良花了两千多元钱买下它，兴匆匆地送到董先生家。20多年前的两千多元，也算是一笔巨款了。董先生拿起那木雕狮子端详了一番，笑着说："这是个假古董，你闻闻，油漆味都还新着呢。古董行'水很深'，你以后别送礼了。"

虽然只是一个假古董，但直到现在，那只木雕狮子依然还摆放在董先生家中的书架上。每年过年，师门里的师兄弟们去董家聚会的时候，董先生都会把那只狮子拿出来说笑一番。

无论是师父董顺翔，还是师公胡忠英，都是傅月良前进路上的指路明灯。受迷宗菜的影响，傅月良明白了做菜这件事原来并非是一板一眼地按照菜谱做，可以博取众长，为己所用。就如同《九阳真经》，虽没有记载具体招式，但却汇集了武学至理，使人达到无招胜有招的至高境界。这些都是傅月良能将杭州菜进行改良的基础。

所有的一切，都深深地打动了傅月良。自从拜了董顺翔先生为师，傅月良明显地感受到师门中人和很多其他大厨的不同。他的师兄弟们对专业是万分敬畏的，每每聚在一起，就会研究一些菜式的来龙去脉，探讨餐饮当下的热点与未来的趋势。大家的眼里都闪着光。很多其他的大厨只想着如何浑浑噩噩地将一天8小时的厨房工作时间尽快地打发过去，而其他时间基本就用吃喝玩乐来填充了。傅月良庆幸自己投对了师门。

叁。

湖滨28的经历影响了他的一生

傅月良说,闭门造车或一味按照传统烹饪方法埋头做菜,只会故步自封,多阅读一些各个国家的专业烹饪书籍,会如同打开了潘多拉星球的大门,进入到一个新世界。

转折之年

  2006 年，对于傅月良来说，是转折之年。那一年，湖滨 28 的领导向傅月良伸出了橄榄枝，力邀傅月良加入杭州凯悦酒店的中餐厅湖滨 28。

  看着傅月良犹豫不决的神情，湖滨 28 的领导说："你不必立刻就做出决定，你跟着我工作三天之后，再答复我也不迟。"傅月良对这个要求倍感好奇，他很想知道领导的用意，于是就答应了。

  在那三天里，傅月良在湖滨 28 看到许多人每天上班后的第一件事并不是换上油腻腻的厨师服，而是先洗个澡，再穿上笔挺洁白的厨师服。之后也并非直接冲入厨房，围着灶台转，而是打开电脑，查看当天的行程安排，而后，有条不紊地管理自己一天的时间。

  工作时间，有些人不是只置身在烟熏火燎的厨房中，还会着一袭白衣，扎着洁白的围裙，去餐厅跟客人交流，听取他们的意见和建议。休息时间，厨房里的几位大厨一般也不会打扑克消磨时光，或找个安静之处打盹，而是一起喝着茶或咖啡，讨论烹饪的技艺。

  傅月良第一次有了一种脱胎换骨的感受——原来厨师也可以如此体面、有高度，被客人如对待上宾一般尊重。他很清楚地意识到，凯悦酒店才是他应该去的地方。他希望成为他们当中的一员。

爱上学习

在得到师父董顺翔的首肯后,傅月良带领着一个 25 人的团队,正式进入杭州凯悦酒店,成为中餐厅湖滨 28 的厨师长。他在那里学到了很多东西,并且爱上了学习。

直到今天,傅月良仍然是餐饮圈里众所周知的热爱学习的"正能量"。打开他的书橱,我们会发现里面满满当当地摆着《现代主义烹调》《食品科学》《探寻中国本土食材》等专业书刊,甚至会发现一些全英文的烹饪书籍也赫然置身其中。傅月良说,闭门造车或一味按照传统烹饪方法埋头做菜,只会故步自封,多阅读一些各个国家的专业烹饪书籍,会如同打开了潘多拉星球的大门,进入到一个新世界。

叁。湖滨 28 的经历影响了他的一生

曾经我行我素

2006年的湖滨28籍籍无名，很多时候每天的"客人"只是两三只小鸟。那个年代是不流行吃酒店菜的。在普罗大众的眼中，酒店里的菜——即便是五星级酒店的菜——统一只有3个标签：无惊喜，贵，难吃。

生意寡淡，但傅月良带领的团队却在他"必须新鲜"的原则下，每天早上备货，午市结束后，将没有卖掉却已备好的菜全部倒掉，下午重新备菜，迎接晚市的到来。如此坚持了一个月，财务部跳脚了，因为餐厅营业额不见上涨，成本却增加了5%。

有一次，餐厅的最后一个订单点单时间仅仅超过1分钟，傅月良执拗的脾气上来了，他拒绝做菜。值班经理进入厨房沟通，说："客人点单只是超过了1分钟的时间，能不能加个班做一下菜？"这时，厨房里25双眼睛齐刷刷地看向傅月良。傅月良手一挥，说："下班！"随后，25双手齐刷刷地扔下手中的工具，摘下围裙。员工们下班了，留下一个呆若木鸡的值班经理站在原地，瞪着傅月良。

场地布置虽简单但其气质中透着一和无名的奢华感。那是一种无法用语言表达的气质，吸引着每位如院客人的目光。

傅月良也瞪着他，面无表情，眼里有一丝挑衅。如此这般僵持了几分钟之久。第二天，这位值班经理就将事情一路上报，一直报告到了酒店总经理的办公室里，说他在酒店那么久，从未遇到过如此荒唐的事和人。

我问傅月良："为什么客人仅仅只是晚了1分钟，你连加个短班都不愿意呢？"傅月良说，那时候他带领的团队，全部是普通餐饮人，胸口都写着"江湖"两个字。他也是如此。前厅的人事先没来沟通，忽然就甩了一张单子进来。傅月良觉得没有被尊重，心情也随之被搞坏了。"一个心情恶劣的厨师，怎么可能做出一道美味的菜肴呢？"

傅月良的队伍，好像一支游击队被收编进了一支正规军里。他们与"正规军"格格不入。他们做事"电闪雷鸣"，还为湖滨28立了很多前所未有、不成文的规矩。比如：客人自带原料，不做；客人要求做菜单上没有的菜，不做；下单时间超过最后的点单时间，不做。

那时的傅月良，眼里只有将菜做到极致这一件事。无论是营业额、报表，还是后厨和前厅的配合，在他的认知里，都和他没有丝毫关系。一道龙井虾仁，出锅后超过规定时间1分钟没有被前厅服务员端走，傅月良就直接将那盘龙井虾仁倒扣在出餐台上，并要求前厅重新打单子，重新做。一位前厅女经理被傅月良气哭了。

傅月良却振振有词地说，龙井虾仁的"青春期"是很短暂的，放在出餐台上1分钟，上菜过程需要1分钟，加上其他时间，到客人桌上的时间就会超过5分钟，那菜的味道就会差之毫厘、谬以千里了。

这般的我行我素，先后令一位前厅经理负气辞职，一位愤然转去了酒店销售部。

只因有一个优点

直到很多年以后,傅月良才知道,那时候的他在杭州凯悦酒店的口碑差到了极点——蛮横、固执、不讲理、搞小团队。上交给领导的投诉信,有厚厚的一摞。但这些投诉信都被"扣压"下来,锁在办公室的抽屉里。傅月良说,虽然那时候他劣迹斑斑,但只要是领导交代给他的任务,小到菜单更新,大到承办百人宴会,他无一不完成得很出色。

三年后,傅月良升任了杭州凯悦酒店的行政副总厨,成为凯悦酒店历史上第一个不懂英文、中餐厨师出身的副总厨。他做的菜,在一次晚宴上得到了全球凯悦集团总经理的认同,至此,凯悦集团内部开始口口相传:湖滨28是一家出类拔萃的中餐厅。

脱胎换骨

再后来,又发生了一件事。酒店总经理召集的晚宴上,一位厨师不小心把汤煲焦了。这在傅月良的"厨师标准"里是极不负责的表现。一股邪火直冲脑门,他执意要将那位厨师开除。这时,酒店的人力资源部门找到了他,并问他:"这位厨师的这次失误显而易见,但你之前有没有对他进行培训?"

傅月良理直气壮地说:"当然有。"

"系统吗?"

"……"

"那你有没有培训记录?"

"没有……"

"出了这一次的失误,你有没有让他认识到自己的问题所在?有没有找他细聊并复盘这次失误的原因?"

傅月良又理直气壮地说:"当然有。"

"那你有没有让他写出书面的检讨和总结?"

"没有。"

"事情发生前,没有书面的培训记录。事情发生后,没有书面的检讨和总结,也没有真正认真地和当事人分析问题,以杜绝下一个错误的产生。作为一名副总厨,你失职了。你没有资格开除他,而应该多从你自身找原因。"

这件事虽然已经过去了十几年,但傅月良依然记忆犹新,因为它使傅月良形成了正确的职业伦理观:在厨房里,总厨和厨师们之间的关系,并不是简单的上下级关系。作为一名总厨、一个团队的领袖,他应该做的是使伙伴们日益成长,而不是出了问题就兴师问罪。这对他在今天运营老头儿油爆虾这个品牌,乃至与其他合伙人在经营过程中携手并进是具有重大意义的。

他与其他合伙人关系特别好,彼此信任,互相尊重,互相留有空间而又宽容。傅月良作为合作人之一,平时做事也是更多地向里看,努力做好自己,反省自己的问题,而不是向外看。他有了脱胎换骨的感觉。

叁。湖滨28的经历影响了他的一生

金牌扣肉的前世今生

德国哲学家莱布尼茨说过,世上没有两片完全相同的树叶。在傅月良心里,世上也不应该有两道完全相同的菜式。创造一道菜并将它做到极致,是傅月良一直以来遵循的做菜原则。

金牌扣肉这道菜在大江南北流行近 20 年了。无论是在某个县城路边亮着橘黄色灯的小餐馆里,还是在奢华、雅致的五星级酒店中餐厅里,你也许都曾在菜单上见过它的名字,也曾对那个像宝塔般矗立的造型颇为好奇。但是,你也许并不知道这道金牌扣肉的前世今生。

金牌扣肉是从东坡肉发展而来的,但谁将一块肉的造型变成了内藏笋丝的宝塔型?虽然答案众说纷纭,但正解是:金牌扣肉的创始人是傅月良的师父——"杭帮菜教父"董顺翔,他创造了金牌扣肉的造型。这道菜在 1996 年上海举办的第二届中国烹饪世界大赛上被授予金牌,故后来得名"金牌扣肉"。

这道金牌扣肉,想当年在味庄(董顺翔先生所在的餐厅),肚里所容纳的可不是软糯的笋丝。它使用的是番薯、芋艿等配料。即便如此,它也在全国各种大大小小的烹饪比赛中劈波斩浪,屡屡获奖。董顺翔大师更是为它费尽脑力,花了半年时间,研发出了只属于它的器具。傅月良又对它进行了更多的改进,才有了如院如今的每桌必点的傅式金牌扣肉。

七

从形式到内容的一系列创新

  但这道金牌扣肉得以被全国各大餐厅争相效仿制作,还是傅月良带着它去当时杭州凯悦酒店的湖滨 28 中餐厅之后的事。为了让蒸制后的五花肉达到入口即化的效果,傅月良将蒸制时间从原本的 1.5 小时延长为 3 小时。为了让它的宝塔造型更"挺括",他不但想到了在扣肉和器具之间增加一层防止黏连的锡纸,还将制作金牌扣肉的独门器具的高度从 9 厘米变成了 11 厘米。如此一来,宝塔里的笋丝的量更大了,使肉尝起来肥腻感少多了。

  也别小觑了笋丝和肉的组合。笋丝在烹制的过程中非常容易出水,不好入味。在经过一次又一次的试验后,傅月良发现,必须将笋丝里的水分基本弄干,才能使肉汁的香味进入笋丝中。将笋丝和肉分别处理好再合蒸,才能达到事半功倍的效果。这样做出的肉的表面会呈现出一层锃亮、油润的"包浆",而香味也随着锅盖被打开的那一刹那飘散开来。

他还受到杭州人冬天最爱吃的一道季节菜——板栗烧肉的启发，给金牌扣肉额外配备了栗子饼皮。像吃北京烤鸭一样，客人们将拥有浓浓栗子味的饼皮摊开，铺摆上若干扣肉，再放上一些笋丝，卷起来塞入口中，让各种香味排山倒海地一同涌入肚中。

　　如今在如院，金牌扣肉又焕发了新的生机。傅月良在原来的工艺的基础上，将大份的金牌扣肉改良成了一人份，馅心也不再是一成不变的笋丝，而是会随着季节的变化而变化。他运用本地的时令食材，呈现出杭州四季的味道。扣肉还是那些扣肉，变的是馅心。秋天用的是板栗，冬天用的则是银杏果。春天就变成了熏笋和鲜明前笋的结合，再搭配上用白哺鸡笋腌成的兰花春笋。

　　有时候，改变也许真的不需要大刀阔斧。一道菜，被传承了下来。随着时间的流逝，后人将其一点一点地进行优化，一步一步地更新换代，使其更为完美。这是一个改进的过程，更是另一种意义上的传承。

肆。

他们眼中的傅月良

像跑马拉松一样,岁月长跑了18年,终于让曾经籍籍无名的湖滨28,从鲜为人知,成长为在杭州炙手可热的手持『黑珍珠』和『米其林』双料奖项的热门餐厅。这些荣誉的取得靠的是团队的力量。团队中的每位成员,都对傅月良钦佩不已。

既是良师，也是严师

　　湖滨 28 现在的大厨程郁，是傅月良的徒弟。程郁很内向，不善言辞。我多次问起他和傅月良过往的故事，但一说到这件事情，他就像卡了带的录音机，没了声响。终于在一次我们私下聚餐的时候，酒过三巡，程郁的脸在酒精的作用下微微泛着红光，他回忆起十几年前和傅月良一起工作时的情形。我才明白，程郁为什么不想谈论以往的故事。原来傅月良对于他来说，既是良师，也是严师。

　　程郁说，他从来没有见过像他师父傅月良那样对做菜执着又认真的人。那时候他们一起在湖滨 28 工作，傅月良教大家做西湖醋鱼。他们反反复复地制作这款菜，一条烧不好就烧两条，两条烧不好就烧三条，在一个月的时间里前前后后烧了 16 条醋鱼。那时候，程郁的工资理论上是一个月 800 元，但扣除七七八八的项目实际拿到手才 500 元。16 条醋鱼，把一个月的工资"烧"掉了不少。我问他："为什么这食材成本得自己掏腰包啊？"程郁说："那是我们自己没做好，酒店是不会承担成本的。"

　　在程郁的记忆里，晚上下班后，傅月良的业余生活就是在后厨研发菜品，折腾到半夜一两点是家常便饭。作为徒弟的他，以及其他徒弟，很多时候也只能陪着。一群男人累到精疲力尽，顶着黑眼圈回家，第二天一早又回到后厨忙碌。日复一日。但严师出高徒，程郁的厨艺突飞猛进。经过长时间的历练，他终于可以独当一面，成为湖滨 28 的大厨，也带出了一班徒弟。

肆。他们眼中的傅月良

二

他有超强的学习能力
和非凡的专注力

朱仰峰，曾经是湖滨 28 的副厨师长。曾和傅月良在杭州君悦酒店（之前的杭州凯悦）一起并肩作战了四五年。他和傅月良一起，将杭州菜品牌老头儿油爆虾从一家店扩到了 33 家店，并使它走出杭州，开到了上海、绍兴、慈溪等地。

在朱仰峰眼里，傅月良是一个拥有超强的学习能力和非凡的专注力的人。我让他描述细节，他很认真地给我写了满满三大页的稿纸。其中，有一部分文字是这样写的："我有幸见证了傅月良从一名优秀厨师成长为一位大师的过程。一路上有太多的故事，以至于我觉得几个故事完全没办法表现全貌。我只能试着举例来讲清楚一名优秀厨师和大师的区别。在湖滨 28 的傅月良，更像是一名武林高手，到处学习，在意的是一招一式是否漂亮，技巧是否完美，在意的是自己，容不得别人挑战，一定要和别人拼个高低上下，但其实那时的他境界并不高。湖滨 28 能成功，我觉得有一个原因是那个年代的高手没那么多。如果把当时湖滨 28 的菜放到今天的如院，如院应该不会那么成功，毕竟今天的江湖高

手林立。得益于超强的学习能力和非凡的专注力,现在的他完全从'武林高手'进阶为大师。别人要模仿他的菜很难。其他人做的菜和傅月良做的菜最多只是形似,因为傅月良没有固定的'招式',他的菜随时在变化,他的技巧隐于无形。他不再争强好胜,忘掉了自己。他以前很'刚',现在变得很柔和,给人一种超然的感觉。"

这就像如院的菜。如院的菜貌似不难做,让不懂菜的人以为做起来很简单,其实至简至胜,返璞归真恰恰是最难的。如院的菜融入了傅月良对人生的理解,一般人没法学,当然也没法复制。

朱仰峰觉得,各个行业,特别是艺术领域,能称得上大师的人都是通过他的作品,比如舞蹈、音乐、电影,表达他们对人生的理解。傅月良就是餐饮界的一位这样的大师。无关利益,他追求的是境界。

傅月良的好友、如院的总经理艾丽斯

他有好奇心和艺术家特质

如院的总经理艾丽斯也曾是傅月良的同事,他们首次共事是在 20 多年前的杭州凯悦酒店里。作为餐饮部的同事,艾丽斯因为精通日语,曾经连续几年带着当时傅月良的团队,去日本凯悦旗下的几家酒店做杭州菜的推广工作。

艾丽斯对傅月良的第一印象是他是一个好奇心特别强的人,忙完工作后,最喜欢往酒店里的各个厨房里钻。无论是日料厨房还是西餐厨房,他一钻进去就像到了奇幻世界,两眼发光,摸摸这里,尝尝那里,瞬间变为"十万个为什么"。为什么淘米要淘七八次?为什么竹笋饭里要放出汁(出汁是日本的一种特有的调味料)?艾丽斯觉得,这种对烹饪的好奇与热爱,应该是他骨子里的东西。

后来她发现,书是傅月良最好的伙伴。他的包里永远有书。他日日书不离手,即便是在乘坐飞机和火车的旅途里,也是和书一起度过的。为了传承与重新演绎杭州菜,傅月良翻遍了各种资料,从《随园食单》到《现代主义烹调》,从《杭州菜谱》到《酱腌菜加工技术》,看到兴奋之处就到处找朋友分享。

在艾丽斯看来，傅月良身上还有一个与其他大厨不同的地方，就是他的艺术家特质。艾丽斯说："我一直都认为，一位成功的厨师一定是位艺术家。"傅月良就是这样的人，像艺术家一样有丰富的想象力，有敏锐的感受力，有独特的表达力。

做 2024 秋季菜单的时候，傅月良跟艾丽斯聊起来，说他想做一道甜品。他说："杭州的秋天，大家都喜欢围坐在桂花树下，喝着茶，剥着板栗谈天说地。怎么把这样一个浪漫的场景用甜品表达出来呢？"

于是，在傅月良的坚持下，艾丽斯成了品菜人。从茶泡沫到茶啫喱，从煮的板栗糊到烤的板栗泥，艾丽斯品尝了十几种甜品。傅月良最后做出来的那道名为"茶苦板栗甜"的甜品，一口下去，真的，能尝到茶的微苦伴着糖炒板栗的焦甜，并且带着阳光的味道。甜品周围萦绕着袅袅的烟，真是太神奇了。

让厨师散发光芒

如今已然成为凯悦集团区域副总裁、埃科菲厨皇国际名厨协会中国区会长的 Peter 周说："有一种人，来到人世间的时候，就带着某种使命。"傅月良就是一个为了当厨师而生的人。假如人生可以重来，他做任何一种其他工作，都不会像当厨师那样快乐，那样有成就感。

2006 年，Peter 周认识了傅月良。回想起来，Peter 说："假如傅月良从未认识过我，凭他的天赋、他的努力、他的学习精神，他一样会鹏程万里，但他的人生轨迹就一定不同了。"那一年，Peter 周听说有一家餐厅的菜做得不错，就带着厨师团队摸上了门，一试之下，果然如此。于是他跟服务员说："我想见一见你们的总厨。"

服务员跑进跑出地请了两次，周先生还是看不到总厨现身。服务员说："我们总厨从来不出来见客人的。今天请了两次也还是不行。"Peter 周说："麻烦你转告他，我也是个厨师，我叫 Peter 周。"

终于，Peter 周看见一个瘦瘦的男人从厨房里缓慢地踱了出来，迎着光，脊背有点微微前倾，脸上紧绷着一种拘束、腼腆的表情。

但接下来，他们以极快的速度成了很好的朋友，两个月间一起吃了十几次饭，而彼此交谈的话题永远只围绕着做菜。Peter 周说："其实傅月良的性格跟我很像——较真，执着，脾气还大。"

他们心照神交。经过整整半年的考虑，傅月良终于接下了 Peter 周抛来的橄榄枝，答应去杭州凯悦酒店的人事总监处面试。但我行我素的傅月良并没有给人事总监留下美好的印象。

人事总监跟 Peter 周抱怨说："这个傅月良，连起码的尊重上司这点儿道理都不懂。见了我的面，不用尊称。看他的行为举止，我觉得他也没见过什么大世面。他怎么能担任湖滨 28 厨师长这么重要的职务？"

Peter 周说："人事总监先生，你是想找一个服务生吗？面带微笑，态度谦逊，彬彬有礼？我要找的是一位真正懂得煮菜的厨师长。我吃过傅师傅的无数道菜，我觉得他是一位非常有天赋的厨师。如果你需要，以后我可以天天一大早，代表我的厨师团队，代表厨师长傅师傅，到你的办公室里来给你请安、倒茶，甚至擦鞋也行。"

就这样，在湖滨 28 开业前的两个月，傅月良正式进入杭州凯悦酒店，后来成为湖滨 28 的厨师长。其工资待遇和之前他所在的餐厅一模一样，一分不多，但这，丝毫不在傅月良在意的范畴内。

他在意的是，Peter 周会告诉他，一道菜本身就是艺术品，拖泥带水的陪衬皆是多余的。它不需要那些花里胡哨的胡萝卜雕刻来烘托，也不需要橙子片或黄瓜片来做围边。只要将菜肴该有的味道掌控好，把食材运用好，它自然就会熠熠发光。

他在意的是，Peter 周会将他的西式烹饪手法教给他。比如，如何把鹅肝这种偏西式的食材在牛奶中浸泡，用低温烹饪的方式，让鹅肝如慕斯般柔软、丝滑，进而用到杭帮菜的烹饪中。

他在意的是，Peter 周会跟他一起反反复复地尝试杭州传统的叫花鸡的新做法。他们用那时候在中餐后厨极少见的万能烤箱，使用各种温度进行了上百次试验，在厨房里探究到凌晨两三点，依然乐此不疲。最后他们终于解决了鸡肉在经过烤制后容易发柴的问题，方法就是将浓缩的鸡汤制成凝胶状，塞入叫花鸡的肚子里。

肆。
他们眼中的傅月良

傅月良的好友周宏斌

他和 Peter 周，虽然一个主理中餐，一个是西餐厨师，但他们彼此亦师亦友。无论 Peter 周提出多么天马行空的想法，傅月良都愿意聆听，去尝试，并乐在其中。这是建立在彼此信任的基础上的。只有相互信任，男人之间的友谊才会坚固，工作起来才能如行云流水，进而战无不胜。

在国外数年的工作经历，让 Peter 周看到了米其林厨师身上的光环，看到了众人对厨师尊重的眼神。有名的厨师也能像明星一样，站在聚光灯下。他当然记得 2006 年发生在傅月良身上的"最后一单事件"，但他说，当年之所以会在酒店总经理面前替傅月良"挡刀"，除了因为彼此信任，还因为他也赞同傅月良的理念——厨师需要被尊重，前厅和后厨需要沟通。

在当时的杭州，乃至其他的很多地区，餐厅的厨师并无地位可言。在很多人眼里，厨师们只是一群不善言辞、一身油腻，整日里只知道埋头干活的"煮菜机器"。但自从"最后一单事件"发生后，起码在杭州凯悦酒店，情况发生了一些变化。即便距离点单截止时间还较长，前厅经理也会亲自跑进厨房，询问厨师长，还有哪几位师傅可以继续为客人服务，还有什么菜可以提供给客人。

时至今日，十几年过去了，无数年轻一代的厨师崛起，从后厨走到了大众的视野中，成为餐厅的重要人物。他们身上闪耀着光芒，被"吃货们"记住并推崇。他们的名字出现在无数传播平台上。Peter 周倍感欣慰。他觉得，那光芒里面，有他和傅月良曾经的努力和坚持。

伍。
A和B结合产生的AB

将西餐对食材的处理方法等与中餐手法相结合,让我的A加上你的B,变成一个全新的AB,那么,你会如同推开了一扇从未开启过的门,继而进入到一个令你酣畅淋漓、欲罢不能的新世界。

到西餐店干"黑活"

2021年,在很多朋友的眼里,傅月良忽然变成了一个行踪飘忽的人。他每周都会消失几天,去向不明。后来终于有好朋友知道了,当时,他正在做一件令人匪夷所思的事情。而做这件事情的"帮凶",正是Peter周。

2022年晋级到米其林三星的泰安门西餐厅,在2021年的时候,尚是米其林二星。这家餐厅这一年发生了什么变化?它有什么秘诀呢?傅月良想知道。Peter周和泰安门的老板是多年好友,沟通比较方便。于是周先生便推荐傅月良去泰安门干"黑活"!

何谓"黑活"?打荷、杀鱼、洗肉、去骨、切菜等零碎的粗活,在厨师行内被称为"黑活"。这些活原本大多是刚出道的年轻学徒学习、打磨时做的。干"黑活"的岗位上忽然冒出一位40多岁的老大哥,让泰安门的后厨师傅们纷纷投来怪异的目光。还有人忍不住悄悄过来问上一句:"大哥,你这么大把年纪了干吗来干这个?"

工欲善其事,必先利其器

傅月良认为,中餐,就该和西餐进行碰撞,这样才能"火花四溅"。近几年,餐饮人经常可以看到一个很多人都习以为常的现象:几个中餐厨师凑在一起,喝着小酒,聊聊最近在某家餐厅吃到的哪道菜不错,七嘴八舌研究出其配方,觉得八九不离十了,就直接照搬到他们的餐厅里,还以"能还原其90%的味道"为傲。

对此,傅月良是颇有些不屑的,而且他觉得,这也是中餐厨师之间无法深入交流的原因之一。这绝对不是交流和学习,而是明晃晃的抄袭。中餐的那一口锅,一般就是用来蒸炒炸煮焖等,确实变幻不出更多的花样,所以方便有的人抄袭。中餐厅后厨一般没有太多高科技机器,而西餐厅厨房里除了有传统的锅具,还有神奇的低温烹饪机、速冻机、去皮机等机器。傅月良认为,要与90%以上的中餐大厨拉开差距,提升厨艺和超越自我,就要去了解目前世界上最先进的烹饪机器。正应了《论语》中的那句话:"工欲善其事,必先利其器。"

如院 RUYUAN

如院，如愿。开一家在梦中出现过无数次的餐厅，遂了自己的心愿，圆了自己的梦。

中西结合做出好菜

傅月良和许多同行之间就不奉行直接而赤裸的"还原主义",而是用我的 A,加上你的 B,做出全新的东西 AB。比如制作一道江南名菜烟熏鳜鱼,传统的烹饪方式是将鳜鱼用高温的油炸过之后进行烟熏,但这样制作的鱼肉质感略柴且粗糙。有同行建议采用西餐的低温烹饪方式——将鱼用大颗粒的海盐腌制一整晚后再烟熏至上色后放入袋子中抽取空气,而后放入机器中进行低温烹制。

就像对世界充满了好奇心的高中生做化学试验,傅月良在厨房捣鼓了好几天,终于得到了肉质绵软细腻、烟熏味馥郁、外表如琥珀般半透明的鳜鱼。这道菜单纯用中餐的烹饪方法是很难做出来的。

浙江省十大经典名菜之一的龙井虾仁,是一道传统的以龙井茶入菜的经典菜式。有一种说法认为,这道菜是厨师们受到苏东坡词《望江南》中"且将新火试新茶,诗酒趁年华"的启发,选用"色绿、香郁、味甘、形美"的明前龙井与新鲜河虾仁烹制而成的。

晶莹剔透的河虾仁和翠绿欲滴的龙井茶在油锅里一起上下翻滚,画面绝美,但茶叶在炙热的油中水分迅速消失,出锅后难免略显油腻。傅月良运用中西结合的理念和方式,将龙井茶用液氮急冻。处理后的龙井茶一触即碎,做成绿色粉末,然后再用于烹饪。这样处理不但能最大限度地保留茶叶的本味,而且装盘后提升了菜品的档次。

傅月良说:"虽然中餐博大精深,其传统工艺可以一路深挖,永无止境,但假如加入西餐元素,将西餐对食材的处理方法等与中餐手法相结合,让我的A加上你的B,变成一个全新的AB,那么,你会如同推开了一扇从未开启过的门,继而进入到一个令你酣畅淋漓、欲罢不能的新世界。"

伍。A和B结合产生的AB

销售模块决定真正的毛利率

在如坐过山车一般的30多年的餐饮从业经历中,傅月良曾在国营餐饮公司干过,跑过码头包过厨房,在五星级酒店做厨师长,进入全国知名连锁餐饮企业"外婆家",之后又进入另一家杭州老牌餐饮企业老头儿油爆虾成为合伙人之一。他从厨师变成经营者,其思维模式也有了变化。这也是A和B结合产生的新东西。

和很多在厨房里浸淫多年的厨师一样,傅月良也一度以为,毛利率低是一个源自厨房的问题。因为以往一旦发现餐厅的毛利率不高,老板就会把厨师长抓过来开会,研究是厨房的哪个环节出了问题,比如是不是有莫名其妙的浪费行为等。偶尔老板还会出其不意地出现在厨房,翻一翻垃圾桶。以上都是大厨们习以为常的事情了。但自从傅月良的身份从大厨变成了老板,他才明白,其实,销售模块才是真正决定毛利率高低的主要因素。

让毛利率高的菜卖得好的秘密

一道毛利率低至50%的菜,哪怕一天卖出几千份,餐厅也赚不了几个铜板,因此这道菜虽然卖得好但不需要进行重点销售。傅月良认为,一道菜的毛利率是65%,还是75%,是可以被设计的,菜的毛利率低一般自然会卖得多,而一个优秀的厨师,应该懂得如何将一道毛利率高的菜卖成店里的畅销品。

类似老头儿油爆虾店这样的平价餐厅,客流量大,扫码点单和买单的工作量比较大,要让服务员给每桌客人都一一介绍店里的招牌菜,以及每道招牌菜的可圈可点之处,几乎是不太现实的。所以,要想让毛利率高的菜卖得更多,就必须提升其曝光率。他们发现了一个所谓"逢三必点"的规律。客人一进门就能迎面看见一道菜的宣传海报;客人落座,在桌上的水牌上也能看见它;打开菜单,又能看见它在首页的大幅照片。客人一般会点这样的菜。餐厅用三种非语音信息提醒客人:这是我家的招牌菜,这是我家的核心产品，这是必点菜。这样自然会影响到客人的选择。这是傅月良在老头儿油爆虾做老板多年之后才领悟到的规律，但这却是很少的厨师能考虑到的问题。

傅月良回忆他刚去老头儿油爆虾的时候，发现餐厅的毛利率还不到50%，他只能自我安慰道："我们走的是薄利多销的模式。"但正是因为老头儿油爆虾采用的是这种薄利多销的模式，所以其涨价的可能性很小。有时候吃一顿饭的花费只略微向上浮动了几元钱，也会让消费者很敏锐地感知到。客人来的次数可能就少了。这样一来，一旦遇到原料涨价而菜品不能涨价的情况，企业就很被动。

30多年前老头儿油爆虾靠一道油爆虾在餐饮江湖出道，在杭州的佑圣观路与河坊街交叉口开了一家小馆子，生意甚是红火。当年饭店做油爆虾一直用的是河虾。河虾属于季节性产品，其品质和价格受时间的影响很大，但因为店小桌少，大家对毛利率并不敏感。但自打老头儿油爆虾成了连锁品牌，大家很快就感受到了"原料涨价而菜品不能涨价"的无奈。

于是乎，他们在保留原有的油爆河虾的基础上，研发了另一款招牌菜油爆沼虾王。沼虾个头大，肉质饱满，价格可以更高，而且其销售基本不受季节影响。据统计，在老头儿油爆虾，虾类菜品的销售额在总的销售额中占到了20%，油爆沼虾王的销售额在总的销售额中就占到了8%，而且油爆沼虾王的销售价格超过百元，使虾这个品类的毛利率跃上了一个新高度。

所以，傅月良认为，作为一名厨师，不能总是在厨房里埋头蛮干，应该走出去，走到前厅去，去发现问题，从整个销售数据中研究问题的症结所在。当下，想要与时俱进的厨师，就应该学习如何从经营者的角度去思考，从一个将自己的能力仅局限于"把菜做好吃"的厨师，转变成一个会看数据、懂数据、分析数据的厨师，从而最终影响整个餐厅的运营。

陆。

傅月良大师的 15 道经典菜

既要让虾仁保持鲜甜脆嫩,又要使其有淡而悠长的茶香,是不容易做到的。傅月良做了80多次的各种尝试,才小有收获,直到现在,研究之路依然还在继续。

傅式西湖醋鱼

主

黄笋壳鱼1条 …… 约600克

调

米醋 …………………… 250克
湖羊酱油 ……………… 30克
生粉 …………………… 23克
黄酒、白糖、姜末、秘制葱姜
腌料、鱼汤 ………… 各适量

装

姜末 …………………… 30克

    西湖醋鱼是一道传统的杭州名菜。一条西湖醋鱼好吃与否的标准比较模糊。有人认为要做出好吃的西湖醋鱼，必须将鱼饿养三天，使其吐尽泥土味，令其肉质紧实。这个说法有一定的道理。傅月良查询了杭州市饮食服务公司编写的《杭州菜谱》一书。书中提到，一条好的西湖醋鱼要能吃出湖蟹味。因此让醋鱼没有泥土味，并不是终极目标。基于以上说法，如院选用了本身就没有泥土味的笋壳鱼制作西湖醋鱼。为了让鱼的鲜味保持的时间更长，厨师烹饪时用鱼汤来煮笋壳鱼。煮的时候用文武火，这种火可以使鱼的肉质保持鲜嫩，用它做出的鱼肉呈蒜瓣状。鱼入盘后，收浓汤汁，淋于鱼身。在鱼中能吃出湖蟹般的滋味，便是如院想要达到的"食鱼寻蟹"的境界。

注：本书食材图片为示意图，并非展示菜品所用全部食材。

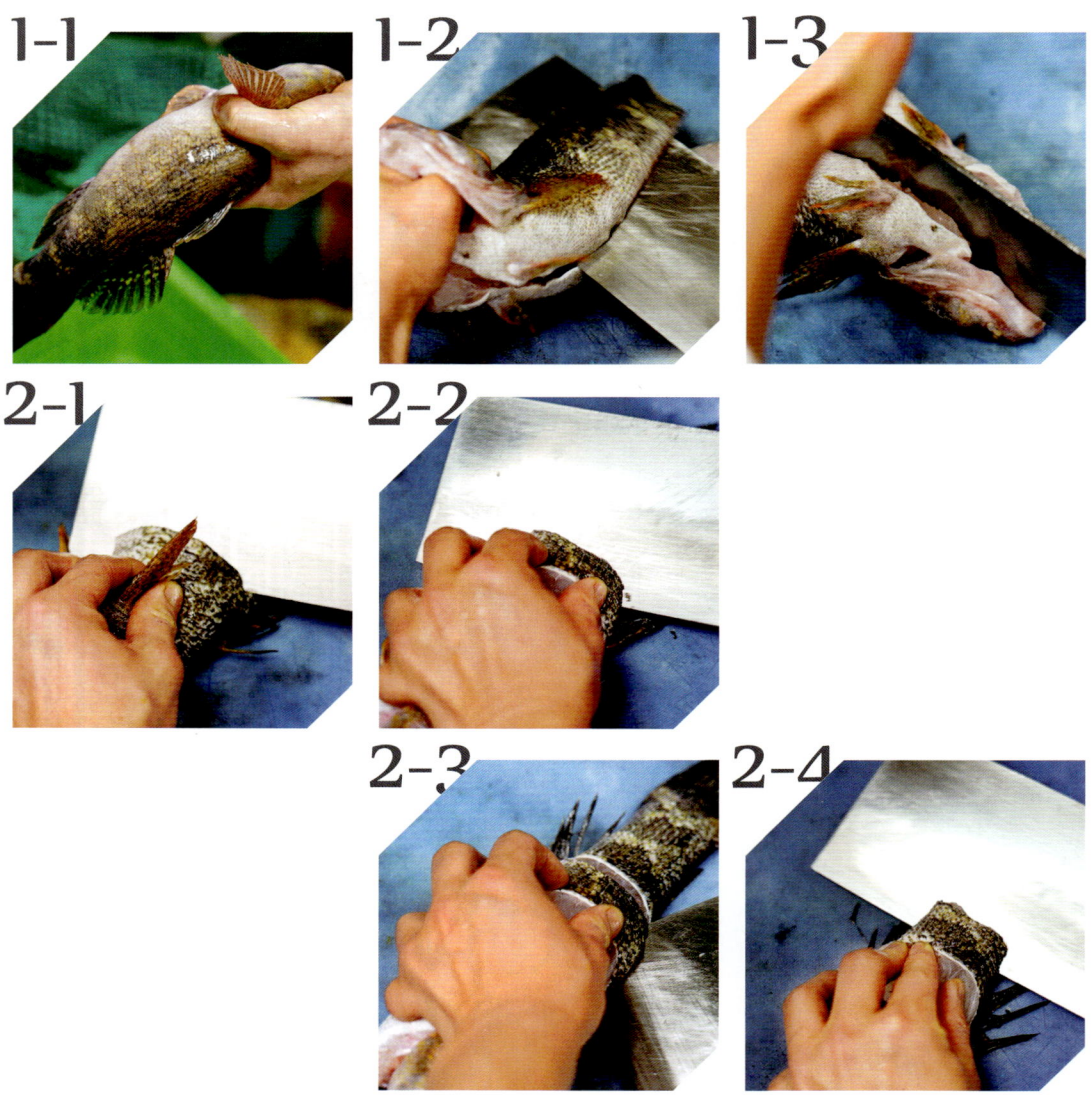

1. 将黄笋壳鱼洗净，去除内脏。将鱼如图所示劈成两半，一半带有脊骨和尾巴，这一半叫雄爿，另一半为雌爿。

2. 先处理雄爿。在离鱼头大约 4 厘米的地方切第一刀，每隔 4 厘米再切一刀，不能将鱼切断。除了第三刀，其余每刀的刀口均约 4 厘米深。收刀也很重要，要几乎能触及鱼的脊骨，但不能切断鱼身。第三刀一般位于腹鳍后、背鳍前，这一刀要将雄爿斩断，将其分成两部分。

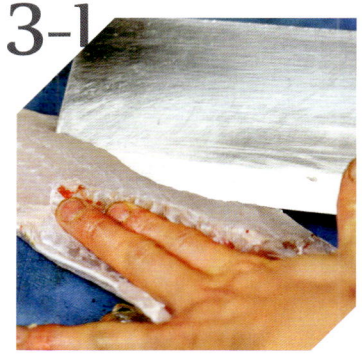
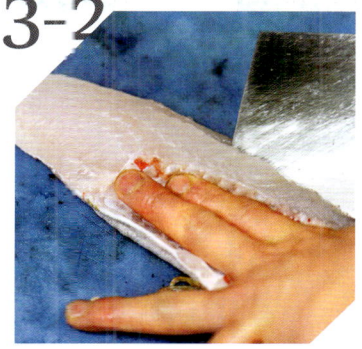

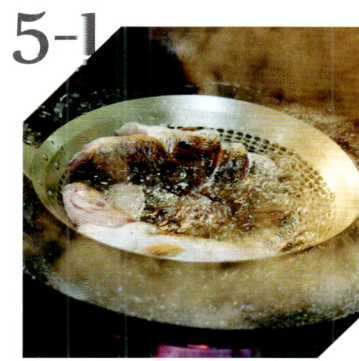

3. 将雌片改刀。
4. 将切好的鱼放入秘制葱姜腌料中腌制。
5. 将锅中放满鱼汤，煮开，用漏勺盛放切好的鱼，烫一会儿。

6. 再次煮开后在锅中放入姜末，将鱼放入锅内，锅一半在炉膛内，一半在炉膛外，也就是使用所谓的"文武火"。使用这种火可以使鱼汤的温度始终保持在 100℃左右。这样，鱼在汤中可以快速变熟，鱼肉可以保持较好的脆嫩度并且做好后呈蒜瓣状。鱼煮熟之后，用漏勺捞出。

7. 倒出锅中的部分汤汁，留 150 克左右。将鱼放在漏勺里，如图所示将漏勺放到锅上面，将湖羊酱油、白糖、黄酒依次放到鱼身上，再将鱼放入锅内，煮开，将鱼捞出，装盘。

8. 将上一步倒出的煮鱼的汤汁放入净锅内，加入米醋，用生粉勾芡，调成醋鱼汁，取 410 克浇在做好的鱼身上。将姜末撒在鱼身上即可。

杭州翡翠斩鱼圆

杭州翡翠斩鱼圆，是由普通的斩鱼圆演化而来的。斩鱼圆，亦是一道传统的杭州名菜。鱼肉细腻、嫩滑，汤富有层次。汤上铺满的甜豌豆，为这道菜增添了几分清新和绿意。每一颗甜豌豆都如同翡翠般晶莹剔透，与细腻的鱼圆搭配相得益彰。

陆。傅月良大师的15道经典菜

主
鲢鱼 …………… 适量

辅
白菜叶、猪皮、云南甜豌豆（熟）…………… 各适量

调
盐 …………… 2克
葱姜水 …………… 少许

装
腊肉片 …………… 少许

1. 将鲢鱼治净，取净肉，切成半厘米见方的小粒。
2. 放到猪皮上排剁，使鱼肉粒融入猪皮上的脂肪。
3. 将剁好的混合鱼蓉放入盆内，加入葱姜水、盐。为了确保温度适宜，把盛混合鱼蓉的盆放到一个盛有冰块的大盆中，用手慢慢搅拌鱼蓉，使葱姜水和鱼肉充分融合，搅拌至鱼蓉起胶。搅拌的时候，动作一定要轻柔缓慢。

4. 搅拌完后，放置在5℃左右的风房或冰箱内静置两天左右，使其完全醒透。这样的材料做出来的鱼圆，食用时才会出现颗粒感。

5. 醒后的鱼胶，做成70克的鱼圆生坯放入煮开的水中。等水再一次煮开后改用小火炖制。

6. 盖上白菜叶以防止鱼圆变色，炖3小时左右，把汤过滤出来后放入汤盅内，在汤盅内放入鱼圆，再放入熟的云南甜豌豆，蒸两分钟，用腊肉片装饰即可。

傅式龙井虾仁

龙井虾仁是杭州传统名菜之一。如院的龙井虾仁是选用新鲜的河虾制作的。如院保留了传统的手剥虾仁的工序。用低温提取的方式,从虾壳中提取出虾油。用这种虾油烹饪的虾仁,极大限度地保留了河虾的鲜味和滋润度。加入茶油,而不是普通的茶水,可以让虾仁的茶香味更饱满。其实要把控好鲜味和茶香味的平衡是很难的。鲜味太重,茶香味就容易被掩盖;茶香味太浓郁,鲜味就会被压下去。既要让虾仁保持鲜甜脆嫩,又要使其有淡而悠长的茶香,是不容易做到的。傅月良做了80多次的各种尝试,才小有收获,直到现在,研究之路依然还在继续。

陆。傅月良大师的 15 道经典菜

主
活河虾（80头） …… 150克

辅
龙井茶、面粉 …… 各适量
蛋清 …… 1个

调
盐 …… 0.2克
生粉 …… 3克
普通植物油、葡萄籽油 …… 各适量

1. 将活河虾直接放入速冻柜中，在-40～-38℃的低温下急冻20分钟左右，取出，剥去虾壳。虾壳留用。

2. 将虾仁放入冰水中浸泡60分钟左右，取出，吸干表面的水，放入盐、蛋清、生粉，拌匀备用。

3. 将虾壳放到烤盘上，入烤箱，用180℃的温度烤至上色。在烤好的虾壳中加入葡萄籽油，两者重量的比例为1∶1。将两者放入包装袋，抽取空气后，放入低温烹饪机内以80℃的温度加工90分钟，即可提取出虾油。这样提取出来的虾油比较干净，用于烹饪几乎不会影响虾仁的颜色。

4. 在龙井茶中加入液氮，用石锤将龙井茶捣成粉。将龙井茶粉过筛子，将筛在容器中的龙井茶粉放入面粉中。加入水，揉成面团。将面团反复揉制，制成面片后用特制的模具刻制出茶叶瓣状，然后捏成一芽两叶的茶型，蒸熟备用。留在筛子上的龙井茶粉留用。

5. 将留在筛子上的龙井茶粉倒入容器中，冲入热的葡萄籽油，制成茶油。锅烧热，放入普通植物油，烧热，滑锅后倒出，再放入适量植物油，下入虾仁和蒸制过的"茶叶"炒制，要控制火力不能让虾仁很快上色。炒至虾仁快上色时加入虾油，虾仁上色后淋入茶油，翻炒出锅装盘即可。

如院金牌扣肉

金牌扣肉这道菜自进入人们的视野后，就没有太大的改变，馅心的主角永远是笋丝。傅月良在对这道菜进行创新的时候，就考虑如何打破已有的认知的局限，做出新意，让这道菜既不能因为改变了馅心而降低食客们对它的认可度，又要做出新的亮点。于是，他想到了用杭州四季的时令食材，去重新演绎这道金牌扣肉，于是就有了如院现在春夏秋冬版本的金牌扣肉。下面展示的是冬季版本。

陆。傅月良大师的15道经典菜

主

带皮的五花肉 ……… 适量

辅

熟白果 ……… 适量

调

小黄姜 ……… 500克
小葱 ……… 600克
湖羊酱油 ……… 500克
糖 ……… 350克
绍兴黄酒 ……… 700克
肉酱 ……… 适量

装

花朵、肉酱、熟兰花笋碎、小葱碎 ……… 各少许

1. 锅内加入水，将五花肉放入锅内，余水。将五花肉捞出后，沥干水，把肉皮上的毛等杂质去除干净。用温水将肉块洗净，沥干水。切成大块。

2. 锅内加入小黄姜、小葱、湖羊酱油、糖、绍兴黄酒、五花肉大块、适量水，用大火烧开，然后改用小火煮 60 分钟左右，取出，用重物压平。

3. 将肉块放凉后放入冰箱冷冻室内冻 12 小时。取出，修平整，切成长、宽都是 5 厘米的小肉块。

4. 如图所示，将小肉块用刀批成 2 毫米厚的薄片，从肉的最外层开始向中间一直批，直到肉的中心点。批好的肉片要连贯。

5. 将批好的肉片放入特制的金字塔模具中，做成倒立的金字塔型。做好造型后将"肉金字塔"从模具中拿出来，用刷子在最底部的肉片外边刷一层肉酱。
6. 贴着模具壁铺一层锡纸，将"肉金字塔"放回模具中，如图所示刷一层肉酱。
7. 将熟白果切成片，填入肉片中间的空间内，填满为止。
8. 用锡纸封口，放入蒸箱内蒸至软糯。将装满菜的模具倒扣在盘子中，提去模具，用肉酱、熟兰花笋碎、花朵和小葱碎做点缀即可。

桂花糖年糕

主

自制年糕 …………… 适量

辅

雪梨块 …………… 适量
干桂花 …………… 少许

调

白砂糖 …………… 50克
菜籽油 …………… 适量
桂花酒 …………… 10克

影响中国菜的那些人

傅月良

　　这是一道印刻在傅月良童年记忆里的点心。傅月良从小就很爱吃年糕，身高还没灶台高的时候，他就站在小板凳上，看妈妈做桂花糖年糕。那种炸过的年糕的香脆口感和焦糖粘在舌头上的味道，是他放学后幸福的来源。其实，在江浙一带，很多人的童年里都有这道点心，但很少有人将它从家里的饭桌上挪到大餐厅去。

　　为了突出年糕的香味，傅月良想到了用桂花酒来搭配。在秋天的时候，还可以用雪莉酒来搭配。但几经尝试之后，他发现成品的口感有点儿腻，就加入时令的水果比如梨等来解腻。这种方法遵从了兵来将挡、水来土堰的战略，终于出奇制胜。

1. 将年糕切成表面为 3.5 厘米 ×3.5 厘米的薄块。
2. 锅中放入适量菜籽油烧热，放入年糕片，两面都煎一下，煎好后捞出来，放置一旁。
3. 将 50 克菜籽油放入净锅里烧热，烧热后加入 50 克白砂糖。炒至白砂糖化开、汤色红亮的时候，冲入开水。

4. 烧开，加入年糕块慢慢烧。收汁到泡变少的时候，加入雪梨块，炒匀后捞出。

5. 将锅中汤汁烧开，加入桂花酒，撒入干桂花，浇在做好的年糕上，装盘后撒少许干桂花点缀即可。

纸皮汤包

做纸皮汤包的灵感来自金华的火腿汤包。如院研发春季菜的时候，傅月良想要做一道技术难度更高、馅心是纯汤的汤包，于是就联想到将金华的火腿汤包和杭州的一道传统的春季菜腌笃鲜结合起来。

在如院吃纸皮汤包，有四句口诀：轻轻提，慢慢移，先开窗，后喝汤。捏起汤包口的褶子向上提，灯光下，它就像一只迷你版的灯笼般玲珑剔透。有美食博主将它在镜头前反复提起、放下，用这个极其简单的动作拍成的短视频，发布到某视频平台后，竟然收获高达几百万次的观看次数。

从蒸箱里冒着奔腾的热气出来的汤包，面皮呈半透明状，里面全是流动的汤水。曾有外国的米其林主厨看了这款汤包，甚是诧异，发出一连串的提问："这面皮是不是太软了？不会破吗？这是怎么做出来的？"

陆。傅月良大师的 15 道经典菜

皮

高筋面粉	……………	500 克
盐	……………	5 克
水	……………	适量

馅

咸肉	……………	130 克
春笋	……………	500 克
水	……………	适量

1. 盐与水混合均匀。将面粉加盐水混合成面团，揉均匀，然后下剂子，擀成直径约 15 厘米的面片备用。

2-1

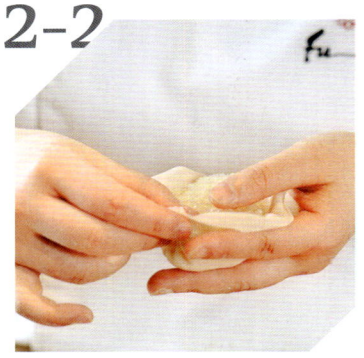
2-2

2-3

2-4

2-5

2. 将咸肉切片，春笋切成滚刀块，加入水，放入高压锅口。高压锅上气后，再煮20～25分钟。将咸肉片和春笋块过滤，汤汁冷却后形成汤冻。将春笋块冷却，切成丝。将汤冻、笋丝放入制作好的面片中，包成汤包生坯。放入蒸箱中蒸6分钟即可。

陆。傅月良大师的15道经典菜

如院四喜饺

高筋面粉、水、盐 … 各适量

胡萝卜碎、黑木耳碎、鸡蛋黄、芹菜碎、高山豆苗、麻油、盐 ………………… 各适量

在傅月良的内心里,杭州的经典传统菜中有一个隐秘的分支,叫作"文学菜"。所谓的文学菜,就是有历史、有故事、有工艺的菜。我们可以用文学性的笔触将它们描绘得传奇而美妙,但很多文学菜最大的缺陷就是不好吃。这也是很多文学菜逐渐落寞、无人问津的原因。

杭州经典的"文学菜"大多隐藏在杭州的类似太子楼、奎元馆、楼外楼等老字号饭馆里,这些菜并没有频繁出现在大众视野中。四喜饺就是其中的一道。

四喜饺的寓意很讨喜,因为它上面有四种馅心,下面还另铺着一层馅心,所以被称为四喜五福临门饺。

老式四喜饺的做法很简单,将几种不同的食材焯水后加麻油拌匀,继而铺入饺子皮内包好即可。傅月良不是将食材焯水,而是使用了炒这个技法。做四喜饺必须做到馅心的重量远远大于面皮的重量——这是做四喜饺最有难度的地方。只有馅心的重量远远大于面皮的重量才能让客人吃四喜饺的时候,感到口腔里皆是菜的美味和四溢的锅气,而不是觉得这是单纯地在吃一道面点。

1. 盐与水混合均匀，然后将面粉加盐水混合成面团，揉均匀，下剂子，擀成直径 10 厘米的面皮备用。

2. 将胡萝卜碎、黑木耳碎、鸡蛋黄、芹菜碎分别用麻油炒好，冷却待用。炒好的鸡蛋黄切碎。高山豆苗用麻油爆炒，放置。冷却的高山豆苗切碎后，放少许盐和麻油提味增香。

3. 在面皮内放入高山豆苗碎，如图所示捏好造型。
4. 将炒好的胡萝卜碎、黑木耳碎、鸡蛋黄碎、芹菜碎放入四喜饺的角中，蒸4分钟即可。

冬天莲子春天藕

在多数中式高端宴会中，餐后甜品以西式甜品或广式甜品居多，而杭州的传统菜式中，更是很少见能端得上宴席台面的甜品。但这道冬天莲子春天藕却在《舌尖上的中国》美食顾问董老师的眼里，成了中式甜品的巅峰之作。傅月良借用核桃露的概念和手法，用莲子泥做了一层细腻、绵软的底，上面用藕粉制作了一层啫喱。最后的点睛之笔，是滴上的那几滴桂花油。这道甜品就像是一个开关，让食客感觉瞬间从冬天切换到了春天。这个切换，低调，却很高级。

陆。傅月良大师的 15 道经典菜

主
莲子 ………… 350 克

辅
奶油 ………… 200 克
藕粉 ………… 15 克
干桂花 ………… 5 克
藕片 ………… 适量

调
开水 ………… 350 克
糖 ………… 10 克
植物油 ………… 适量

影响中国菜的那些人 傅月良

1. 莲子浸水泡一夜，去掉芯，捞出后放到蒸箱里蒸 3 小时，蒸的时候不用封保鲜膜。在熟莲子内加少许水和奶油、少许糖一起搅打，打至顺滑后，过筛放在器皿中备用。

2. 将干桂花和植物油放入容器中，拌均匀后蒸 5 小时，过筛，制成桂花油备用。

3. 将藕粉放入容器中，用开水冲开，过滤，加剩余的糖，形成一层透明的啫喱。在莲子泥上放入藕粉啫喱，再放入藕片。

4. 滴 3 滴桂花油即可。

陆。傅月良大师的 15 道经典菜

桂花西湖藕韵

　　桂花西湖藕韵这道菜对于傅月良来说，是具有历史意义的。当年，他就是凭着一道桂花糖藕，也就是桂花西湖藕韵的原型，进入曾经的凯悦酒店，成为湖滨28第一任厨师长。很多年过去了，在其他餐厅桂花糖藕这道传统的杭州菜并没有太多改变，顶多是在摆盘上有些创新，比如将糖藕切成半圆形堆叠起来，抑或放一些糖丝做点缀。这道菜，似乎根本没有其他的演变的可能性。既然如院做的是杭州菜，就一定绕不开这道传统名菜，却又绝不能做成原来的样子。傅月良忽然想到了小时候吃过的糖蘸粽子。粽子是软糯的，白砂糖是脆的。那，糖藕能不能也存在两种口感呢？

　　于是，傅月良就想着从这个角度突破。想要藕有脆感，是很容易做到的，用炸的方式就能实现。但油炸后的藕是一种硬脆，而不是蓬松、舒适的脆。他忽然想到了超市里的薯片，那才是他想要的脆感——松弛而愉悦的脆感。傅月良不断地试验，终于突破了这个难关。厨房团队的所有人都前所未有地开心。他们还给这道创新菜取了一个文雅的名字——桂花西湖藕韵。这是传统中餐工艺和现代西餐工艺完美结合的结果，也是传统杭州菜口味升级的结果。

陆。傅月良大师的15道经典菜

主
藕 ············ 2 根

辅
糯米 ············ 200 克
干桂花 ············ 适量

调
糖浆 ············ 3500 克
藕粉 ············ 50 克
植物油、果酱 ······ 各适量

1. 将两根藕洗干净，削皮。将一根藕的顶部切下来，在藕身孔里加入糯米，用竹签将顶部和藕身固定在一起。
2. 高压锅里加入糖浆和750克水，放入制作好的糯米藕生坯，泡一夜。
3. 将高压锅上火，加热40分钟，放凉。
4. 将糯米藕取出，切成半圆形的片。

5. 将另一根藕切成片。放入油锅中炸熟。

6. 将煮糯米藕的汤汁过滤，加入果酱，再加入干桂花，大火熬至浓稠，做成桂花汁。

7. 将糯米藕片与炸藕片组合，装盘，淋上制作好的桂花汁即可。

豆腐盒子

很多老杭州人都热衷于吃臭豆腐。对这种"奇怪"的食物，很多人有着挥之不去的情怀。傅月良在研发春季菜的时候，着手从杭州人餐桌上的一道常见菜——香椿拌豆腐身上寻找突破口，想让它变得更有趣。于是，他想到了臭豆腐。在杭州人眼里，臭豆腐的最佳搭档就是杭州人自制的水辣酱。傅月良的脑袋开始高速飞转，想到了一万种可能性，比如：香椿拌豆腐中的豆腐能不能做成脆的，再蘸水辣酱？能不能将老豆腐、臭豆腐、嫩豆腐合而为一？能不能入口时是臭豆腐的味道，嚼一下后是香椿豆腐的味道，后面再吃的时候再佐以水辣酱？于是，经过多次试验后，如院创造了豆腐盒子这道既有杭州人记忆中的味道，又带着新鲜感、现代感的新杭州菜。

陆。傅月良大师的15道经典菜

主
手工老豆腐 ………… 适量

辅
香椿嫩梗、臭豆腐 …… 各适量

调
杭州水辣酱 ………… 2克
烧椒香椿酱 ………… 2克
香油、盐、味精、鸡精、糖、猪油、植物油 …… 各适量

1. 手工老豆腐改刀成 3 厘米见方的方块,用小刀挖空内部做成盒子状。挖出的老豆腐不要丢弃。
2. 香椿嫩梗切成长 0.3 厘米左右的小粒备用。

3. 臭豆腐去掉表面老皮,切成 0.3 厘米左右见方的小粒。炒锅放入植物油,烧热,下香椿粒,用小火煸香,加少许盐、味精、鸡精、糖、猪油,炒匀,倒入到臭豆腐粒中,加香油拌匀制成馅料。将做好的馅酿入到老豆腐盒子中。

4. 挖出来的老豆腐用刀按碎,封住豆腐盒子的口。

5. 另起油锅,将豆腐盒子炸至呈金黄色,捞出,空油,装盘,表面点缀水辣酱、烧椒香椿酱即可。

香雪酒鹅肝牛小排

傅月良始终记得《舌尖上的中国》的美食顾问董克平老师说过的一句经典的概述：杭州菜不能仅仅局限于杭州，要用杭州菜的传统手法烹饪全世界的材料，也要用全世界高端的烹饪技法来烹饪杭州的材料。

每隔一段时间，要研发新菜的时候，傅月良都会将所有可能用到的食材统统罗列在笔记本上，然后进行连线、组合。这种看似游戏般的操作，却暗藏了多和思维方式。这种方法也是几十年的从厨经历赋予傅月良的灵感。

这道香雪酒鹅肝牛小排就是这样创造出来的。当傅月良无意之中将鹅肝和牛排连上线的时候，他忽然记起在湖滨28的时候，创作过一道菜式——清酒鹅肝。后来清酒鹅肝这道菜也因被很多人钟情，而被全国很多大餐厅"搬"上了餐桌。但其实，在做出清酒鹅肝之前，傅月良率先尝试用黄酒做鹅肝。黄酒太甜，而且香味太过浓郁，让鹅肝的味道被掩盖住了，所以他才舍弃了黄酒改用清酒。

黄酒是江浙一带的特产，用它烹制的鹅肝不尽完美，但可以借用它的浓郁香气来做牛排。做香雪酒鹅肝牛小排，傅月良用到了香雪酒。它是二次发酵的黄酒，甜度和香味比普通黄酒更胜一筹。

牛排则用美国红标牛小排，采用低温烹饪的方式制作。当热牛排端上桌之后，大厨把冷冻好的鹅肝在食客面前刨制，让细碎的鹅肝像雪花一样飘落在牛排上。此刻牛排中心的温度是61℃左右，鹅肝碎在食客的目光中慢慢化开，汁水渗入牛肉里。酒香味和牛肉的脂肪香气就在众目睽睽的情况下"喜结连理"。傅月良说，做完这道菜，他的弘扬杭州菜的自豪感油然而生。

陆。傅月良大师的15道经典菜

影响中国菜的那些人　傅月良

主
牛小排 ················ 适量

辅
鹅肝 ················ 适量

调
普通酱油 ················ 10克
花雕酒 ················ 80克
黑胡椒碎 ················ 5克
保卫尔牛肉汁 ········ 5克
味精 ················ 4克
生姜 ················ 100克
香叶 ················ 5克
八角 ················ 5克
桂皮 ················ 10克
老抽 ················ 50克
浓汤 ················ 750克
秘制卤汁 ················ 适量

装
鹅肝 ················ 适量

陆。傅月良大师的15道经典菜

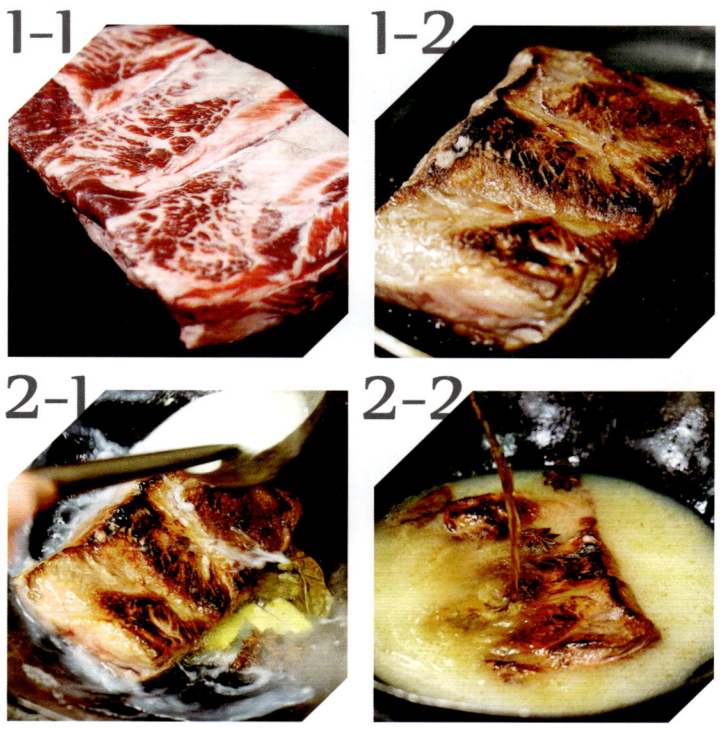

1. 牛小排自然解冻,改刀成大块。平底锅不放油,烧热,用中火将改刀的牛小排块煎至两面金黄。

2. 炒锅洗干净,倒入煎牛排出的油,放生姜、香叶、八角、桂皮,放入煎好的牛排,放入普通酱油、花雕酒、黑胡椒碎,加浓汤烧开,再加入保卫尔牛肉汁、味精、老抽,用小火煮两分钟,再用大火收汁至剩约 200 克汤汁。

3. 煮好的牛排放到真空袋中,加入熬好的汤汁,抽出空气,放入低温烹调机中用70℃的低温加工10小时后取出。

4. 牛小排改刀成长11厘米、宽6.5厘米、厚2.8厘米的块,也可按客人的要求改刀。

5. 将鹅肝用秘制卤汁煮熟,包裹好,放入冰箱冷冻。将冷冻的鹅肝刨成鹅肝碎到牛排块上,用圣女果装饰即可。刨制鹅肝碎可以在上桌后操作。

杭八鲜糟香佛跳墙

杭八鲜这道菜其实很早就被记录于杭州的古籍中，学名叫扒八珍。它囊括了多种山珍海味，做法上则与佛跳墙颇为相似。杭州的中华老字号饭店知味观一直有一道用鸽子蛋、辽参、香菇、花胶等食材制作的杭八鲜，但鲜为人知。傅月良觉得这道菜没有被广泛传播的原因，主要是它的制作工艺和佛跳墙类似，但又无法超越佛跳墙的江湖地位。

于是，他想到了"糟"这个手法。糟菜是绍兴菜里的特色菜。从古至今，杭州菜里都有绍兴菜的"基因"存在，所以杭州菜里也有不少糟菜。不过，杭州的糟法是独特的，与杭州周边城市的糟法都略有不同。杭州菜里的糟法基本都是冷糟。热糟一般人很难驾驭，因为黄酒或者酒糟一旦遇热就会产生令味蕾不适的酸味。有圈内好友得知傅月良在研究糟味，就介绍了东湖宾馆一位上了年纪、已退休在家颐养天年的老师傅。他姓俞。俞师傅最擅长的菜就是一道热气腾腾的糟钵头，很多食客为这道菜所倾倒。傅月良试过了俞师傅做的糟钵头，且虚心向他讨教，受益良多。但其实，傅月良说，那天吃到的糟钵头，还是多多少少尝到了一点点的酸味。

回到如院后，傅月良又开始做试验了。首先是选黄酒。他把市场上能买到的黄酒都买回来了。即便是同样品牌的黄酒，只是年份不同，也不敢漏掉，逐一试了一遍。太雕酒太甜，加饭酒的酒香又不够，似乎哪一种都无法使菜品到达"那片飘着云彩的山顶"。最后，他选了某品牌的一款六年份黄酒。这款酒很特别，其实它是经过调制的，但恰恰就是它让傅月良觉得是最合适的。

黄酒酸味重，需铺陈在前面。傅月良的杭八鲜糟香佛跳墙结合了福建佛跳墙的做法，先将一些食材余水，再炒，再加上那六年份的黄酒，最后呈现出来一锅清澈明媚的清汤。将所有食物和汤倒入容器中后，用荷叶包起来再蒸制。整个制作时间长达七八个小时。它不仅具备很浓的糟香味，且鲜味很绵长、很干净，符合杭州菜的"雅"的特点。

主

新鲜甲鱼裙边	50克
南非干鲍	50克
黄花胶	50克
黑脚老鸡块	适量
土猪猪展肉块	适量
猪肺块	适量

调

葱、姜、蚝油、高汤、姜片、葱片、糟油、黄酒、植物油 …………………… 各适量

陆。傅月良大师的 15 道经典菜

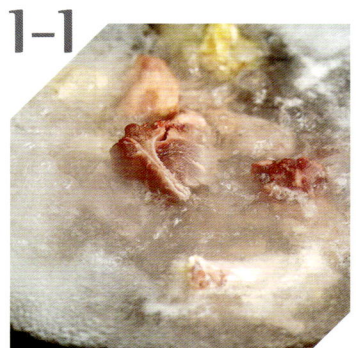

1. 将猪肺块、猪展肉块、老鸡块放入锅中余水，捞出，沥干。
2. 锅中放入植物油烧热，放入姜片、葱片炒香，将猪展肉块、老鸡块、猪肺块放入锅中炒制。加入大量的黄酒、水煮制，收汁，出锅以后把汤汁中的渣过滤掉。将南非干鲍、黄花胶放入加了葱、姜的高汤中用小火煨熟。

3. 将甲鱼裙边发至八成熟。在发好的甲鱼裙边中加入高汤,加入适量葱、适量姜、蚝油,慢慢煨入味,捞出待用。
4. 将裙边、南非鲍、黄花胶放入瓦罐中,加入猪展肉块、老鸡块、猪肺块,加入糟油、黄酒。
5. 用荷叶封口,蒸 15 分钟后就可以上菜了。

龙井茶香脆皮乳鸽

脆皮乳鸽是一道在食客间经常被传颂的菜,渐渐地,它还有了烟熏的版本。烟熏又分熟熏和生熏,一般餐厅大多会采用熟熏的方式,也就是在脆皮乳鸽基本成型后,再用烟去熏它,使其有烟熏的风味。但傅月良的龙井茶香脆皮乳鸽,采用的是生熏的方式。

首先将整只鸽子去骨,再将临安产的南姜炸后塞入它的肚子,接着用龙井茶烟熏,再挂脆皮水。傅月良曾经看过一本书,书上说,每一枝龙井茶枝的第8片茶叶,味道是最浓郁的。如院所在的植物园里种满了各种各样的植物。有一次,傅月良顺手摘了一枝龙井茶枝,摘下每一片叶子细细咀嚼,他发现,从上而下每一片茶叶的味道果然是不一样的。而第8片茶叶的味道也的确最浓郁。他后来又试验了几次,都是如此,他不由地感慨:这神奇的第8片茶叶呀!所以,当用龙井茶叶熏制龙井茶香脆皮乳鸽的时候,他都会选茶味最浓的第8片茶叶。

生熏是需要时间的,很多餐厅不愿意那么做。当龙井茶烟充斥整个锅子的时候,锅子需要离火,不然就很难控制锅子里的鸽子肉的嫩度。而当烟渐渐散去,就要让它再次充满锅内,然后再次离火,如此这般循环,直到鸽身的颜色变成黄褐色。

这道菜的配角是傅月良和学厨时的儿子一起研发的。他想要一些焦糖味的蔬菜来做搭配,儿子就想到了如院的糖藕,那片藕就是焦糖味的。夏天的藕很嫩,不适合做焦糖味的,所以会定期从云南发过来一些"老当益壮"的藕。这是一道能让食客实实在在体验到烟熏味的菜式。鸽子的皮很酥,一口咬进去,满嘴都充斥着烟熏味,而南姜和烟熏的味道又恰如其分地融合在一起,让傅月良自己都非常喜欢这道菜。

主

净乳鸽 …………… 适量

卤水调料

水 …………… 10 千克
香叶 …………… 10 克
桂皮 …………… 80 克
八角 …………… 20 克
甘草 …………… 2 克
小茴香 …………… 6 克
丁香 …………… 50 克
草果 …………… 15 克
香茅 …………… 1500 克
十三香 …………… 5 盒
盐 …………… 375 克
味精 …………… 200 克
冰糖 …………… 2 千克

其他调料

南姜 …………… 500 克
脆皮水、椒盐、龙井茶、植物油
…………… 各适量

装

炸藕片、花朵 …… 各适量

1. 用卤水材料煮成卤水，放入净乳鸽，腌制一整晚。
2. 第二天，将鸽子捞出，洗净，把鸽子身体内的骨头拆出。
3. 将南姜用木锤捣成姜丝，放入油锅内炸制，捞出，塞入鸽子腹内。

4. 将鸽子用热水烫皮。用龙井茶叶烟熏至上色。
5. 挂脆皮水，放入油锅内炸制。
6. 捞出，对切开，装盘，搭配上一点儿椒盐。用装饰材料装饰后即可上桌。

醉瓜鲞蒸七彩黄米鱼

　　逛市场几乎是每一位大厨的日常，傅月良也不例外。有一回，他去钱塘江边的市场闲逛，偶然发现了一种被渔民叫作黄米鱼的鱼。请教了渔民才知道，它和黑米鱼的不同之处是黑米鱼生长在海里，最值钱的是用它的器官做成的花胶，而这种黄米鱼生长在咸淡水交界处，俗称七彩黄米鱼。之所以被称为七彩黄米鱼，是因为它在阳光下，泛着淡淡的浅金色光芒，并且夹杂着其他的颜色，显得异常华贵，而它的肉质比黑米鱼的更细嫩，鲜味也更浓郁。七彩黄米鱼具有季节性，一过了夏天，它就上市了。所以在如院研发冬季菜的时候，傅月良见到了它，简直如获至宝。

　　有了好食材，还需要为它选择一个合适的烹饪方式。傅月良想到了杭州的一道家常菜——鲞蒸鸡。鲞蒸鸡里用到了一和杭州特有的鲞——醉瓜鲞。这种醉瓜鲞有着浓郁的酒香，有用黄鱼做的，也有用米鱼做的。因为所用的鱼体积都不大，成品就像一块瓜而得名。

　　杭州有一家店做出的醉瓜鲞味道很好，这家店开在杭州老城区十五奎巷。傅月良试着将这里的醉瓜鲞和七彩黄米鱼搭配在一起，做出了醉瓜鲞蒸七彩黄米鱼。有的客人吃了之后，戏称这道菜为生死恋，因为做鲞的米鱼在做成这道菜很久之前已经死了，七彩黄米鱼入菜之前还是活蹦乱跳的，但因这道菜，它们又重逢在一个盘子里。所谓的抵死缠绵大抵就是这样了。

主
黄米鱼块 …………… 200 克

辅
醉瓜螯、醉瓜螯碎 …… 各适量

调
蒸鱼豉油 …………… 10 克
盐 …………………… 5 克
生抽 ………………… 10 克
生粉 ………………… 3 克
红葱头碎 …………… 10 克
葱花、植物油 ……… 各适量

1. 将油放入锅内烧热，加入姜丝、醉瓜鲞碎爆香，至醉瓜鲞碎呈黄色。
2. 另起油锅，爆香红葱头碎。用爆香的红葱头碎、醉瓜鲞碎、盐、生抽、生粉将黄米鱼块腌制，直至出底味。

3. 将黄米鱼块、醉瓜鲞、醉瓜鲞碎一起放入盘中,入蒸箱蒸 5 分钟后取出。
4. 放上葱花,浇上热油,淋入蒸鱼豉油,即可出菜。

糟蛋蒸白蟹

浙江平湖的糟蛋，是一道历史悠久的传统美食。如院的糟蛋借鉴传统的糟蛋工艺，制作过程烦琐而精细，是对时间的褒颂，对自然馈赠、古法工艺的致敬，正是这份对传统工艺的坚守与传承，成就了糟蛋蒸白蟹独特的美味。

选用新鲜鸭蛋，用白酒消毒，敲碎鸭蛋的硬壳，露出一层薄膜，然后用糟泥醪糟混合物包裹其表面，封坛，置于阴凉通风处，静待30天以上。鸭蛋在酒糟的浸润下慢慢发酵，直至内部完全具备独特的糟香味。将糟蛋混合液与蟹子一起蒸，做出的菜品具有糟蛋的醇香与蟹子的鲜美双重滋味。它成就了全新的味蕾体验。

陆。傅月良大师的15道经典菜

主
花蟹 …………… 500 克

辅
糟蛋 …………… 75 克

调
鸡汤 …………… 120 克
糟油 …………… 50 克
冰水、冰块 …… 各适量

1. 将花蟹用冰水冰镇。待花蟹被冰得较为安静后,洗净。把花蟹切成大块,并剪去蟹脚、蟹腿壳的坚硬部分。
2. 将糟蛋、糟油和鸡汤放入搅拌机中,加入适量冰块,搅碎成细腻的混合液。

3. 把切好的花蟹块放入容器中，倒入糟蛋混合液.
4. 蒸制 7 – 8 分钟即可。